AF313475

LONGUYON AVANT 1789

LES
ANCIENS REGISTRES DE L'ÉTAT CIVIL

PAR

L. LEPEZEL

NANCY

IMPRIMERIE NANCÉIENNE, 1, RUE DE LA PÉPINIÈRE

1888

LONGUYON AVANT 1789

LES

ANCIENS REGISTRES DE L'ÉTAT CIVIL

PAR

L. LEPEZEL

NANCY

IMPRIMERIE NANCÉIENNE, 1, RUE DE LA PÉPINIÈRE

1888

LES ANCIENS REGISTRES DE L'ÉTAT CIVIL

L'état civil de Longuyon, qui est conservé tout entier et en bon état dans les archives de la ville, ne remonte pas au delà du 1ᵉʳ janvier 1661. L'intitulé du premier volume ne laisse aucun doute sur ce point ; il est ainsi conçu :

Catalogue des personnes mariées et enfans baptisés en la paroisse de Longuion, commencé par messir Claude de Gorcey, seigneur dudit lieu et de Colmay, doien et curé de l'Eglise collégialle et paroichialle dudit Longuion, l'an 1661, ne s'en ayant point trouvé des devanciers.

Il ressort de ces quelques lignes qu'on se contentait, à l'origine, de constater les *baptêmes* et les *mariages* ; encore le faisait-on d'une façon très sommaire ; voici en effet la reproduction de deux actes pris au hasard dans les premières pages du volume :

Christophe Louys, fils de Jean Louys et Jeanne Moran, a esté né et baptisé le 28 aoust 1662. Parain, Christophe Blesne ; maraine, Catherine Planchier.

Guilleaume Vernier et Marie Gobert ont esté mariés le 3 Ap. 1662.

Plusieurs actes de baptème, notamment le suivant, ont été dressés sur des feuilles volantes et reportés après coup sur le registre :

Catalogue des enfans baptisés par Monsieur Martin et trouvés sur des petits billets dans ses papiers.

Anthoine Cordier, fils à Christophe Cordier et Catherine Damien, a esté baptisé le 23 novembre 1666. Parain, Anthoine La Mousseré et maraine Yolande de Forny.

Quant aux décès, qui donnaient lieu pour la plupart à des fondations pieuses, et que pour cette raison on inscrivait sur des registres spéciaux appelés *obituaires*, on n'en a tenu compte à l'état civil qu'à partir du 12 avril 1680.

Voici en quels termes :

Le 28 décembre 1687, est mort le sieur Jean Martellot, doyen de Longuion.

Champagne est mort le 13 novembre 1688.

Jean Crespin est mort...

Jeanne Martin, ou la femme Sans Soucy, est morte le...

Tante Jeanne, servante à mons^r le prévost, est morte.

Tante Simonne est morte.

Le pastre de Villancy est mort.

Odille Collinet est morte.

La tante à Jean Louis, demeurante chez lui, est morte.

Pierre Cuny est mort le premier juin 1692.

On se demande comment, avec des actes aussi informes, qu'on est cependant heureux de posséder, l'Église pouvait accorder *en connaissance de cause* des dispenses de parenté ou d'alliance, que les exigences du droit canonique rendaient si souvent nécessaires.

Quoi qu'il en soit, il est hors de doute que le clergé tenait l'état civil en vertu d'une délégation de la puissance publique. Une annotation faite à la fin du registre de 1789 rappelle que « sous le règne de François Ier, en 1539, il fut *ordonné* que les curés tiendroient des registres baptistaires ».

Bien plus, et dès 1688, les registres sont sur papier timbré et tenus en double. Ils sont cotés et paraphés à chaque feuillet par le prévôt, et à la fin de chaque année, l'un des doubles est déposé au greffe de la prévôté :

Registre en minutte pour enregistrer les baptesmes, mariages et mortuaires de la paroisse de Longuyon pendant l'année mil sept cent et trois, cotté et paraphé par premier et dernier feuillet par nous, Nicolas Wailtrin, capitaine, prévost, gruyer, juge et chef de police de la prévosté de Longuyon. (*Année 1702.*)

WAILTRIN.

Je reconnois avoir reçu le double des présentes pour estre déposées au greffe conformément à l'ordonnance, cejourd'huy quatrième janvier mil sept cents et trois.

BOURGUIGNON.

Le défaut de table rendant presqu'impossible toute recherche dans l'ancien état civil de Longuyon, j'en ai entrepris le dépouillement jusqu'au 10 nivôse an IX (31 décembre 1800), afin d'en établir une, qui est déposée aux archives. Voici le résumé sommaire de ce travail de patience, qui m'a demandé plus d'une année :

	Naissances.	Mariages.	Décès.
De 1661 à 1675.........	254	20	0
De 1676 à 1700.........	534	75	123
De 1701 à 1725.........	940	219	406
De 1726 à 1750.........	1.188	249	505
De 1751 à 1775.........	1.191	243	951
De 1776 à 1800.........	1.249	306	1.157
Totaux........	5.356	1.112	3.142

Soit une moyenne annuelle de :

Pour la première période.	16.93	2	0
Pour la deuxième.......	21.36	5.35	6.15
Pour la troisième........	37.06	8.76	16.24
Pour la quatrième.......	47.52	9.96	20.16
Pour la cinquième.......	47.64	9.72	38.04
pour la sixième.........	49.96	12.24	46.28

Il est à remarquer, pour l'établissement de cette moyenne :

1° Qu'aucun acte de mariage n'a été dressé en 1667, 1668, 1673, 1674, 1675, 1677, 1678, 1679, 1680, 1681, 1682, 1683, 1684, 1685, 1686 et 1687 ;

2° Qu'aucun acte de décès n'a été dressé en 1682.

En ajoutant aux chiffres ci-dessus 5 divorces prononcés sous l'empire de la loi du 20 septembre 1792, on arrive à un total de 9,615 actes, reçus antérieurement au 1er janvier 1801.

On constate d'autre part que l'autorité municipale a été substituée au clergé, pour la tenue de l'état civil, à dater du 1er janvier 1793.

Malgré ses imperfections et ses lacunes, l'ancien état civil n'est pas seulement intéressant à consulter au point de vue de l'origine et de la généalogie des familles. A côté de renseignements précieux sur certaines particularités de l'histoire générale ou locale, on y trouve la relation toujours curieuse, parfois naïve, de faits de toute nature mentionnés par les curés au commencement ou à la fin des registres sous forme de simples notes dont plusieurs m'ont semblé devoir être reproduites.

En voici cinq qui concernent spécialement le culte :

Il y a eu cette année 1265 personnes qui ont communié pendant l'année ; 1056 qui ont fait leur pâques ; 10 qui ne les ont pas faits (*1784, fin du registre*).

Satisfecerunt hoc anno præcepto paschali 1090
   Non satisfecerunt 15
                (*1786, fin du registre*).

Hoc anno satisfecerunt præcepto paschali 957
   Non satisfecerunt 14
                (*1788, fin du registre*).

Hoc anno satisfecerunt præcepto paschali 1080
   Non satisfecerunt 8
                (*1789, fin du registre*).

M. Migeot, doyen rural, a reçu pour dispense de bans et de temps, des paroissiens de Longuion, depuis le 30 juillet 1771 jusqu'à l'année 1776 inclusivement, 103 livres 10 sols.

(1776, fin du registre).

Les suivantes mentionnent des réparations faites à l'église :

En cette année mil sept cent soixante-seize, au mois de septembre, le s' Collett, demeurant à Halanzy, province de Luxembourg, a repeint notre grand autel aux frais du chapitre, pour le prix de 300 livres. Une personne charitable m'avoit donné 150 livres pour être employés à ma volonté à la décoration de l'église ; j'en ai donné 100.

C'est M. de Gorcey du Piquon qui a fait repeindre sainte Agathe qui est dans le chœur, pour 10 livres, et l'autel qui est derrière le grand a été repeint en même tems par le moyen d'une quête faite par M. de Wal, lieutenant général de ce baillage.

Le même peintre a aussi couvert d'une draperie les seins de sainte Agathe au grand tableau, qui étoient découverts d'une manière assez indécente et au naturel.

(1776, fin du registre).

En cette année, nous avons fait repaver la moitié de la neve et tout notre collatérale en pierres de Mussy, à 10 sols le pied posé. Les moines d'Orval n'ont pas fait faire leur part, n'étant pas assez riches pour nous imiter ou n'ayant pas assez de bonne volonté.

A spiritu monachorum libera nos Domine.

Ab avaritiá monasticâ libera libera nos Domine.

Les moines enfin, à force de sollicitations, ont fait paver leur part, la moitié de la nef et l'allée en entrant à l'église, en l'année 1780, malgré le frère Mathieu, qui demeuroit à Villancy, qui vouloit la faire paver avec des vieilles pierres qui lui étoient restées d'une maison de ferme qu'il a fait bâtir à Villancy ; il les avoit déjà fait voiturer auprès de l'église.

(1777, fin du registre).

En cette année, j'ai acheté un calice pesant 16 onces d'argent, qui a été volé avec trois autres la nuit du 28 mars, comme il est annoté sur le registre de 1779.

En cette année, j'ai aussi fait faire et poser la grille du chœur, qui pèse 968 livres, et j'ai fait élever le Christ où il est, sur une barre de fer pesante 146 livres à 3 sols la livre et 6 livres pour la poser. La livre de fer façonnée et achetée pour la grille m'a coûté 7 sols, en tout 338 livres 16 sols, et 28 livres 18 sols pour la barre et poser, avec 12 livres que j'ai donné aux tailleurs de pierre, font en tout 380 livres.

Retribuere dignare Domine omnibus nobis bona facientibus propter nomen tuum vitam æternam, amen. amen.

(1778, fin du registre).

Sous la Révolution, le secrétaire de la municipalité a ajouté à cette note les lignes qui suivent :

Coquin d'émigré Huard, le fer de ta grille et de ton Christ servira à façonner des piques pour te percer, toi et tes confrères. Hoc est merces tua.

BAALON.

Il convient de remarquer en passant que cette prédiction ne s'est réalisée en rien. M. Henry Huart est mort curé de Longuyon le 9 novembre 1814, à l'âge de 90 ans et 5 mois. La grille du chœur a subsisté jusque vers 1855, époque à laquelle le curé Guérard l'a fait enlever. La barre de fer qui supportait le Christ est toujours à sa place, mais le

Christ a été relégué dans un coin obscur, au-dessus du tambour qui protège l'entrée de l'église.

Voici maintenant les noms mentionnés à l'état civil des personnes de qualité enterrées dans l'église ou sur le parvis :

1662 (?) N...... Wailtrain, colonel et gouverneur de Mussy.

1695, 28 août. Nicole de Villecholle, épouse de Philippe-François de Gorcy, enterrée « devant le grand portail de l'église. »

1705, 14 février. Nicolas Wailtrain, capitaine, prévot et gruyer de Longuyon, enterré « à la place de feu M. son père, vivant colonel et gouverneur de Mussy, à l'entrée de l'église, à gauche, devant la porte. »

1709, 19 janvier. Jean Thiebault, chanoine, enterré « dans l'église, devant l'autel de Notre-Dame, à droite en entrant. »

1710, 9 avril. Philippe-François de Gorcy, seigneur du Picon, enterré « auprès de feue madame Nicole de Villecholle, devant le grand portail de l'église. »

1711, 25 août. Pierre Béguin, ancien maire et synodal de Longuyon, enterré « dans l'église, devant l'autel de Saint-Sébastien. »

1713, 8 février. Bernard de Gorcy, seigneur dudit lieu, Rut, Bonvillé, Viviers, etc., prévot de Longuyon, enterré « dans le tombeau de madame Nicole de Villecholle, sa mère. »

1737, 30 janvier. Gabriel de Cuminel, seigneur de la fontaine Saint-Martin, enterré « dans l'église, au-dessous du chœur, à gauche. »

1757, 8 août. Jean-Nicolas d'Everlange, chevalier, seigneur de Saint-Mard et Belven, enterré « dans l'église. »

1758, 23 novembre. Gilles Melcion, chanoine, enterré dans l'église, devant l'autel de la Sainte-Vierge.

1763, 23 décembre. Christophe Collignon, chanoine, enterré « devant le portail de l'église, un peu à côté. »

1771, 29 avril. Jean-Baptiste Sauvage, doyen et curé, enterré « dans l'église. »

Les personnes dont les noms suivent ont été enterrées dans l'ossuaire :

1707, 5 janvier. Jean Boulet, père du doyen curé Boulet.

1713, 1ᵉʳ octobre. Marguerite Pognon, veuve du précédent.

1725, 26 juin. « Messire Jean Boulet, doyen et curé, mort le 26 juin 1725, inhumé auprès de ses père et mère, au charnier. »

1762, 19 mars. François-Louis Bon, *manœuvre*.

1762, 26 mars. Jean Boulet, parent du doyen curé Boulet.

1770, 3 avril. Robert-Nicolas de Custine, enfant de quatre mois.

1771, 5 juillet. Léopold de Wal de Fermont, capitaine au service de Sa Majesté Impériale et Apostolique.

1774, 14 octobre. Dame Marie-Françoise Prévot, veuve de M. Louvain des Fontaines, aïeule de Robert-Nicolas de Custine ci-dessus.

1777, 12 mai. Jeanne Maillefer, fille de Jean-Baptiste Maillefer, procureur du Roi au baillage de Longuyon et maire royal de cette ville.

1782, 14 septembre. Jeanne Clément, veuve de M. Nicolas Sivry, propriétaire des forges de Longuyon.

1783, 6 septembre. Henry Lesieur, chanoine jubilaire.

L'inhumation d'un simple manœuvre dans l'ossuaire s'explique par cette circonstance que François-Louis Bon avait été mêlé, quelques années avant sa mort, à une affaire de miracles qui a dû faire grand bruit dans la paroisse de Longuyon. Ces miracles sont relatés tout au long dans les actes qui suivent :

Cejourd'hui quatorze décembre mil sept cent cinquante-cinq, nous soussigné doyen curé des collégiale et paroisse de Longuion, certifions avoir baptisé une fille née du mariage d'entre François Boisleau, chamoiseur, résidant en cette ville, et Marie Naudin, sa femme, qui avoit eu le malheur d'être née morte depuis le onze du présent mois, et qui par la force des prierres a receu la faveur de la miséricorde de Dieu assé visible et assé sensible pour recevoir le baptême par les différents signes de vie que cette créature a donnée, suivant qu'il en constate par l'act authentique receu cejourd'huy par un notaire apostolique, qui renferme les déclarations des personnes qui ont joints leurs prierres à celles des père et mère de la créature déposée au devant de l'image de la Très-Sainte-Vierge reposant en l'église dudit lieu, lequel act revêtu de ses formalités est mis dans l'arche de laditte collégiale et renferme des particularités qui justiffient les signes miraculeux de la vie de cette créature que nous avons reconnus nous même dans ses circonstances, et dans cette foy de l'évidence du miracle, luy avons administré le saint batême.

J.-B. SAUVAGE, doyen.
BAUDIN.

Témoins du baptême et de l'état de la créature.

Nicolas SOUDANT, chantre de la collégiale.

Présent au baptême.

François BOILEAUX.
(1755, n° 75, 4e volume de l'état civil).

En marge on lit : Ledit acte a été lacéré en 1770.

Et en dessous au crayon : Pourquoi ? Oui, pourquoi ?

Ce jourdhuy sixième febvrier 1756, nous soussigné Louis Bon, de la paroisse de Longuion, manœuvre, certifie avoir baptisé une fille née le 28 janvier dernier, du mariage légitime d'entre Sébastien Laroche, manœuvre, et de Jeanne Perin, ses père et mère, tous deux de la paroisse de Sorbey, laquelle fille a eut le malheur d'estre née morte depuis le 28 janvier dernier jusque au six février suivant, laquelle par la force des prières a reçut la faveur de la miséricorde de Dieu assé visible et sensible pour recevoir le saint baptesme par les différents signes de vie que cette créature a donnée, suivant qu'il en conste par l'acte authentique reçut cejourdhuy, sixième du présent mois, par le sieur Bernard Le Sieur, nottaire au bailliage de Longuion, qui renferme les déclarations des personnes qui ont joint leurs prières à celles des père et mère de la créature déposée au devant de l'image de la très sainte Vierge reposant dans l'église dudit lieu l'espace de deux jours et deux nuits, laquelle ayant été transportée dans la maison de François Boisleaux, chamoiseur à Longuion, et en conséquence des signes sensibles et visibles de vie, a reçu le baptesme dudit Bon susnommé, et pour parvenir à tout ce qui pouroit estre nécessaire pour preuve authentique du fait, elle a esté revétue de ses formalitez et mise en l'arche de laditte collégiale, et renferme des particularitez qui justifient les signes miraculeux de vie de cette créature portez par l'acte du nottaire, en conséquence de tout quoy elle a esté inhumée par nous, doyen et curé, dans le cimetière de cette paroisse, assisté des père et parens et de messieurs nos vénérables chanoines, qui ont signez avec nous ledit jour.

J.-B. SAUVAGE, doyen ; LABBÉ : BAUDIN ; COLLIGNON ; N. GENOIT, chanoine procureur ; F.-L. BON.

(1756, n° 99, 4° volume de l'état civil).

Cet acte a été bâtonné.

Un troisième acte identique à ce dernier et portant la même date contient la relation d'un miracle semblable opéré en faveur d'un enfant Le Maire, de Rouvrois-sur-Othain. On lit en marge de cet acte, qui est, lui aussi, bâtonné :

La dite pièce a été tirée de l'arche et jettée au feu, M. Huart étant doyen.

(1756, n° 98, 4° volume de l'état civil.)

La *Notice de Lorraine* de Dom Calmet, au mot *Longuyon,* contient le paragraphe suivant :

« L'on montre à Longuyon une châsse remplis d'os humains
« proprement enveloppés dans une belle napperie, que de
« temps immémorial on respecte comme reliques, sans toutefois
« leur rendre un culte public. La tradition du pays est que ce
« sont deux martyrs que l'on dit avoir souffert dans un village
« voisin nommé à présent Martigny, et anciennement Colmey,
« situé sur la rivière de Chiers, diocèse de Trèves. On nous a
« envoyé une très ancienne inscription qui se voit sous la
« châsse de ces martyrs ; elle n'est ni gothique ni en caractères
« latins anciens, ni bien formée. Il me paraît que l'inscription
« porte : *Beati* (en abrégé) MOLINIAS S. NIPIVS. Mais je
« ne trouve ces martyrs dans aucun martyrologe, ce qui ne me
« surprend pas, ici ayant grand nombre de saints particuliers
« de villes et de provinces, inconnus aux auteurs des martyro-
« loges. »

Un acte rédigé en latin, inscrit sur le dernier feuillet du registre de l'état civil de 1748, mentionne en ces termes l'existence de ces reliques :

Nos, Guillelmus Mangin, vi-	Nous, Guillaume Mangin,
carius domini Philippi Dewal	vicaire de M. Philippe Dewal
de Fermont, decani hujus col-	de Fermont, doyen de cette

legialæ, de licentiâ ejus, præsente reverendissimo admodum Episcopo *Abhonthein*, suffraganto trevirensi, transtulimus ossa quæ a tempore immemoriali honorata sunt tanquam reliquiæ, ab antiquissimis thecis in novas thecas.

Sanctorum horum nomina et vitam ignoramus nullumque testimonium repertum est in dictis thecis antiquis ; hoc tantum scimus quod infra dictas thecas scriptum est litteris gothicis, id est in fronte sedis seu quasi suggesti in quo sedere potest sacerdos cum suis ministeriis dum sacrum solemniter celebratur, quæ sedes stat ad sinistram sacristiæ, hæc verba, quæ legere non potuimus :

Illa sedes translata et vendita fuit anno 1776, et ejus loco positæ fuerunt tres cathedræ.

Huart, decanus et pastor.

Dicta translatio facta est primo augusti anni millesimi septingentesimi quinquagesimi primi ; hoc in isto codice appo-

collégiale, et avec son autorisation, avons, en présence du très révérend évêque de Honthcim, suffragant de Trèves, extrait de leur très antique châsse des ossements qui, de temps immémorial, sont honorés comme reliques et les avons placés dans une châsse neuve.

Nous ignorons les noms et la vie de ces saints et n'avons trouvé dans l'antique châsse aucun document les concernant. Nous savons seulement qu'en dessous de cette châsse, c'est-à-dire au haut et sur le frontispice du siège placé à gauche de la sacristie, sur lequel s'assied le prêtre avec ses servants pendant les messes solennelles, il existe une inscription en caractères gothiques, que nous n'avons pu lire.

Ce siège, enlevé et vendu en 1776, a été remplacé par trois stalles.

Huart, doyen et curé.

La translation de ces reliques a eu lieu le 1er août 1751. Nous en avons fait mention sur ce registre pour en perpé-

suimus ad perpetuam rei me-
moriam et manu nostrâ subsi-
gnavimus.

MANGIN, vicarius.

Has litteras gothicas ad do-
minum Calmet, abbatem in
ordine sancti benedicti, virum
praesertim in historiâ doctissi-
mum, misimus, quas sic legit:

BEATI (en abrégé) MOLI-
NIAS S. NIPIVS.

Sed cum haec nomina in mar-
tyrologio non leguntur, dicta-
rum reliquiarum notitiam ha-
bere non potuimus ampliorem;
hinc necessitas manet adhiben-
di fidem piae traditioni et non
praeterea.

Hœc facta et scripta sunt
dicto anno 1751.

tuer le souvenir et avons signé
de notre main.

MANGIN, vicaire,

Nous avons envoyé cette
inscription gothique à don Calmet, abbé de l'ordre des Béné-
dictins. Ce savant historien en
a donné la lecture ci-après :

BEATI (en abrégé) MOLI-
NIAS S. NIPIVS.

Mais comme ces noms ne
sont pas au martyrologe, il
nous a été impossible d'en sa-
voir plus long sur ces reliques;
aussi devons-nous nous borner
à ajouter foi à une pieuse tradition.

Fait et écrit en ladite année
1751.

Cet acte, comme les précédents, a été biffé par le curé Huart. Quant aux reliques, elles ont disparu et on ignore ce qu'elles sont devenues. D'après M. Toussaint, elles auraient été mises au cimetière par M. Mandoux, qui occupa la cure de Longuyon de 1815 à 1824.

Voici enfin dans l'ordre chronologique plusieurs actes curieux à divers titres, qui m'ont semblé ne pas devoir être omis :

Le douziesme décembre 1711, nous avons fait la bénédiction

solennelle de la forge et manufacture à canons, dirigée par le sieur Aubert, armurier de Son Altesse Royal, à Longuion, cette année. En foy de quoy avons signé le présent act audit lieu, le jour et an susdits.

BOULET, doyen.

(État civil de 1711, n° 55.)

Sébastien Callus d'Arbels, dit la Forge, mareschal, ex cavallier dans la compagnie de monsieur de Villard, au régiment de Bissy, fut pendut par l'exécuteur de la justice, pour cause de désertion, le 25 apvril 1714 ; son cadavre fut mis le mesme jour dans terre sainte au cimetière de cette paroisse, où ses services se font. Sa femme s'appelle d^lle Jeanne-Françoise Corvisel, du lieu de Pagerot, comme il appert par contract de mariage fait audit lieu le dixiesme apvril 1708.

BOULET, doyen,

(État civil de 1714, n°^s 159 et 140.)

Le 26 février 1733, nous avons bénit par ordre et permission de Monseigneur l'archevêque en date du 7e du même mois, la chapelle de la Malmaison, sous l'invocation de St-Nicolas.

BEGUIN, curé doyen.

(État civil de 1733, n° 22.)

Mariage. Messire Jean-Baptiste de la Croix, lieutenant colonel de cavallerie pour le service de Sa Majesté très chrétienne, chevalier de son ordre militaire de Saint-Louis, capitaine de dragons et de hussars, grand partisan de France, etc., fils légitime de feu messire Jacques de la Croix, vivant mareschal de camp des armées du Roi très chrétien, grand partisan de France, etc., et de feu dame Cecille Felten, d'une part, et demoiselle Margueritte-Charlotte Dewal de Fermont, fille légitime de messire Charles baron Dewal, seigneur de Fermont, Montigni et autres lieux, et de feue dame Adrianne-Thérèse Duchesne, d'autre, après la dispense de trois bans, sans qu'il se soit découvert aucun empêchement civil ou canonique, ont épousé en face de notre mère la sainte Église, en présence de leurs parens et amis soussignés, cejourd'hui 25° février 1737.

> DE LA CROIX ; M. C. DE WALLE DE FERMONT,
> Charle DE WAL DE FERMONT ; Ph. DE WAL
> DE FERMONT ; II. RENAUX, curé de Fer-
> mont ; François DEWAL ; BEGUIN, doyen.
> (*État civil de 1737, n° 21*).

Fulmination. Le 23° de mars 1738, dimanche de la passion, nous avons, en vertu d'une sentence de l'officialité de Trèves et d'un *pareatis* de la Cour souveraine de Lorraine et Barrois, fulminé, après les trois publications ordinaires, un monitoire obtenu par le sieur Deschange, advocat à la Cour, contre les auteurs, participans et non révélans, gravés, aggravés et réaggravés, d'un libel diffamatoire composé, répandu et glissé nuitamment sous sa porte. En foi avons signé les jour et an ci dessus.

> BEGUIN, doyen curé.
> (*État civil de 1738, n° 51*).

Mort de Martigny. Le 28 janvier 1764, après avoir été administré des derniers sacrements de notre mère la sainte Eglise, par Monsieur Ory, vicaire de Colmey, Jean Mentré, veuve de défuncte Alexis Guioth, est décédé audit Colmey, mais comme l'église et le cimetière sont interdits, il a dû être inhumé dans le cimetier de la paroisse Saint-Agathe à Longuion, en présence de son gendre Henry Cuny, qui a signé avec nous le vingt-neuf janvier de la susdite année.

> Henry CUNY ; J. DIDIER, prêtre vicaire.
> (*État civil de 1764, n° 39.*)

Le douze mars mil sept cent soixante et quinze, j'ai permis à M. le curé d'Alondrelle d'enterrer dans son simetier le corps de

Pierre Meder, pâtre de Vilancy, ce qu'il ne faut plus permettre.

H. HUART, doyen et curé.

(État civil de 1775, n° 28.)

Je soussigné curé constitutionnel de la ville de Longuion, ayant été obligé de fuir lors de l'invasion des Prussiens, des Autrichiens et émigrés, le vingt-deux du mois d'août mil sept cent quatre-vingt-douze, jusqu'au vingt octobre suivant, que je suis rentré audit Longuion avec l'armée françoise, je déclare et certifie avoir vu mettre en terre, le curé non assermenté étant émigré alors, Mélanie Pochonet, âgée d'environ seize ans, fille de Jacque Pochonet, officier invalide, originaire de Clermont-en-Argonne et de Louise-Holeri Duval, originaire de Metz, morte, selon les informations strictes que j'ai faite, du seize au dix-huit octobre. En foi de quoi j'ai dressé le présent acte comme authentique le vingt-un octobre, jour que laditte Mélanie Pochonnet a été enterrée, ce qui est certioré par mes deux synodaux soussignés avec moi.

LOUIS ; SIMEON ; J.-B.-L. COURTOIS, curé de Longuion.

(État civil de 1792, 3° cahier, n° 5.)

Il me reste, pour terminer cet opuscule, à faire remarquer que les registres de l'ancien état civil, quoiqu'en général inexacts, incomplets et d'une lecture très difficile, sont loin de présenter l'aridité et la monotonie de ceux qui sont tenus en exécution des articles 34 et suivants du Code civil.

Longuyon, le 1er mai 1888.

L. LEPEZEL.

Nancy. — Impr. Nancéienne, 1, rue de la Pépinière. — Dir. : PIERSON.

9 782329 527604